Christina Koenig

Tiergeschichten

Illustriert von Kerstin Völker

Der Umwelt zuliebe ist dieses Buch auf chlorfrei gebleichtem Papier gedruckt.

ISBN 3-7855-4329-8 – 2. Auflage 2003
© 2002 Loewe Verlag GmbH, Bindlach
Umschlagillustration: Kerstin Völker
Reihengestaltung: Angelika Stubner
Redaktion: Rebecca Schmalz
Herstellung: Heike Piotrowsky
Gesamtherstellung: L.E.G.O. S.P.A., Vicenza
Printed in Italy

www.loewe-verlag.de

Inhalt

Milli hat eine Jahreskarte für den Zoo.
Sie besucht die Tiere,
wann immer sie Lust hat.

Eines Tages entwischt ein kleiner Affe
aus dem Affengehege.

8

Milli beobachtet,
wie er bei den Eseln verschwindet.

„Wenn das mal gut geht!", denkt Milli.
Ob Affe und Esel sich vertragen?

Die Esel laufen vor dem Affen davon.
Der Affe immer hinterher.

Da wird es einem kleinen Esel zu bunt.
Er gibt dem Affen einen Tritt.

Der Affe hält sich die Nase
und ist im nächsten Augenblick
verschwunden.

Milli bleibt noch ein bisschen,
aber der Affe taucht nicht mehr auf.

Am Tag darauf
besucht Milli wieder die Esel im Zoo.
Zunächst sieht alles aus wie immer.

Aber dann entdeckt Milli den Affen
oben auf dem Dach der Futterkrippe.

Unten steht der kleine Esel
und schreit: „Iaahh! Iaaahh!!"

Der Affe zeigt dem Esel
einen Vogel,
und Milli ist neugierig,
wie es weitergeht.

13

Plötzlich springt der Affe
vom Dach herunter.
Genau auf den Rücken vom Esel.
Jetzt wird es spannend!

Der Esel macht einen Bocksprung.
Und noch einen.

Aber der Affe lässt sich
nicht abschütteln. Er sucht in
dem zotteligen Fell nach Läusen.
Ganz gemütlich.

15

Das scheint jetzt auch
dem Esel zu gefallen.
Jedenfalls steht er ganz still.

Milli lacht. Wer hätte das gedacht:
Sind die beiden doch noch
Freunde geworden!

Katzenschreck

Als ich heute Morgen
meine Katze Jette
ins Haus lassen will,
ist sie nicht da.
Dabei wartet Jette
sonst immer vor der Tür!

17

Ich suche Jette überall.
Im Garten, im Schuppen
und in der Garage.
Aber nicht ein Katzenohr ist zu sehen!

„Miauu", höre ich da von oben.
„Miauu." Es klingt ganz jämmerlich!

Ich schaue hoch in den Himmel.
Als ob Katzen fliegen könnten!

Da entdecke ich Jette
ganz oben in der Fichte
von unserem Nachbarn.

Ängstlich maunzend
schaut sie zu mir herab.

Schnell klettere ich
über den Gartenzaun.
„Jette, komm …", rufe ich
und versuche, sie runterzulocken.

Dann hole ich meine Mutter.
Auch unser Nachbar kommt mit einer
Leiter. Aber die Leiter ist viel zu kurz.

Wir rufen und locken und rufen.
Aber Jette rührt sich nicht vom Fleck.
Sie hat bestimmt Angst!

21

Was können wir nur tun?
Meine Eltern rufen die Feuerwehr.
Sie kommt ohne Blaulicht. Schade.

Leider kann die Feuerwehr nichts tun.
Sie kommt nicht nahe genug
an den Baum heran.

Ich bin ganz verzweifelt
und stelle Jettes Lieblingsfutter
unter den Baum.
Sie muss doch Hunger haben!

Tatsächlich startet Jette
einen kleinen Abstiegsversuch.

Aber dann wird sie unsicher
und rettet sich schnell
auf den sicheren Ast zurück.

Da habe ich eine Idee:
Ich klettere auf unseren Apfelbaum.

Dann mache ich Jette vor,
wie man auch wieder runterkommt.

Jette hat wohl genau aufgepasst.
Denn als ich mich umdrehe, sitzt sie
seelenruhig vor ihrem Fressnapf,
als wäre überhaupt nichts geschehen.

Dieses Jahr fährt Karl
mit seinen Eltern und seiner Schwester
in die Ferien aufs Land.

Karls Hund ist auch dabei.
Er heißt Mops
und schnüffelt überall herum.

Gleich am ersten Morgen
holt Karl die Frühstücksbrötchen rein.
Mops schnuppert neugierig
an der Tüte: Lecker, lecker!

27

Doch am zweiten Morgen
ist die Brötchenfreude schon vorbei.
Nur eine zerfledderte Tüte liegt vor der
Tür! Ohne ein Brötchen!

Karl rennt mit Mops ums Haus herum.
Er hat sich so auf die Brötchen gefreut!

Ob die Brötchen woanders liegen?
„Such, Mops!", ruft Karl.
Mops sucht und sucht.

Schließlich bleibt er kläffend
vor dem Auto stehen.

Karl wundert sich.
Ob Mops etwa Heimweh hat?
Ob er nach Hause fahren will?

Auch am dritten Morgen haben sich
die Brötchen in Luft aufgelöst.
Vielleicht hat ja der Nachbar ...?

Karl und Mops legen sich auf die Lauer.
Es liegen aber nur zwei Brötchen
auf dem Frühstückstisch des Nachbarn.
Und Karls Familie hat acht bestellt!

In der Nacht halten Karl und Mops
Wache. Auf einer Luftmatratze.

31

Trotzdem sind die Brötchen
morgens wieder weg! So ein Mist!

„Wozu sich aufregen?",
meinen Karls Eltern.
„Dann gibt es eben
Knäckebrot zum Frühstück."

Als der Urlaub vorbei ist,
macht Karls Vater das Auto startklar.
Plötzlich bekommt er einen Lachanfall.

Unter der Motorhaube liegt
ein Riesenberg Brötchen!

33

„Das war wohl ein Marder!",
sagt Karls Vater.
„Der hat aus unserem Auto
eine Vorratskammer gemacht!
So ein Schlingel!"

Jetzt muss auch Karl lachen.

Dann lobt er Mops:
So ein schlauer Detektiv!
Schließlich hat er gleich gewusst,
wo die Brötchen versteckt sind!

35

Zirkus mit Vogel

Gestern war ich im Zirkus.
Bei der Pferdedressur
kam mir eine tolle Idee.

Ich könnte doch auch Zirkus machen!
Bei uns zu Hause,
mit meinem Wellensittich!

Neulich ist Fipsi nämlich
aus dem offenen Fenster geflogen,
einmal ums Haus herum und durch
dasselbe Fenster wieder rein.
Eine echt gute Nummer!

Ich lade meine halbe Klasse ein.
Der Eintritt ist billig.
Nur einen Euro für jeden.

Alle sehen gespannt zu,
wie ich das Fenster öffne.

Aber Fipsi interessiert das nicht.
Er knabbert gelangweilt
an der Deckenlampe herum.
Ich rufe: „Fipsi, los!"

Da plustert Fipsi sich auf
und fliegt auf Lenes Kopf.

Alle klatschen.
Meine Mutter kommt rein
und macht mit Blick auf Fipsi
das Fenster wieder zu.

„Was ist denn das hier
für ein Zirkus?", fragt sie.

In dem Moment saust Fipsi wieder los.
In einem Affenzahn,
immer um die Lampe rum.

Alle sind begeistert und klatschen.

Trotzdem fange ich an zu schwitzen.
So was macht doch jeder Vogel!
Auch ohne Eintritt!

Als Fipsi dann noch „Fipsi lieb" sagt,
sind alle zufrieden mit der Show.

Ich kaufe mir eine Hörspiel-Kassette
von dem Zirkusgeld.

Und für Fipsi eine Knabberstange.
Obwohl er die eigentlich nicht verdient
hat. Aber vielleicht klappt's
beim nächsten Mal ja besser.

43

Christina Koenig wurde in Westfalen geboren und lebt heute in einem brandenburgischen Dörfchen bei Rheinsberg. Sie hat verschiedene Berufe ausgeübt, war Mitglied eines Marionettentheaters und studierte in Berlin und Rio de Janeiro Film und Kommunikation. Heute schreibt sie mit Lust und Liebe Bücher und Drehbücher und freut sich über Post, die der Verlag gerne weiterleitet.

Kerstin Völker, geboren 1968 in Bad Schwartau, lebt und arbeitet heute in Hannover. Nach dem Grafik-Design-Studium, Praktikum und anschließender freier Mitarbeit in der Werbung liegt der Schwerpunkt ihrer Arbeit heute in der Illustration von Büchern, Zeitschriften und Spielen für Kinder aller Altersgruppen. Gelegentlich ist sie auch selbst als Autorin tätig – seit 1999 inspiriert durch Töchterchen Matilda.

Erster Leseerfolg

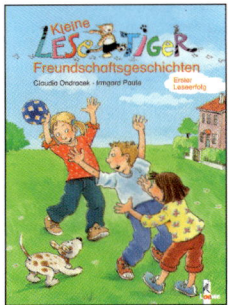